A mi familia, a los que están y a los que ya volaron. Y, en especial, a mi "Equipo A", por ayudarme a ser quien soy, y a no olvidarme de mis alas, cada uno, a su manera. Gracias por ser el pilar más sólido de mi vida y la base de toda mi existencia.

Una tarde de primavera, la mariquita Kika estaba mirando fijamente un árbol en la sabana cuando se acercó su amigo, el mono Babuino.

—¿Qué te pasa Kika? —le dijo el mono.
—Hola, Babuino. Quiero subir a ese árbol
para saber qué cosas bonitas se ven
desde allí arriba, pero no puedo subir.
¿Tú me podrías
ayudar?

—Querida amiga mariquita, yo puedo subir a los árboles escalando, pero no creo que este árbol aguante mi peso.

Además, si te llevara conmigo te caerías al suelo y te harías daño porque no tienes manos para agarrarte a mí. Lo siento, pero no puedo ayudarte.

A lo lejos vieron a Lola, la jirafa, que se acercaba tranquila.

—Hola, Lola. ¿Podrías ayudarme, por favor? —Le preguntó Kika—. Quiero subir a este árbol tan alto para poder ver más cosas de la sabana y no puedo hacerlo porque no tengo manos.

—Hola, Kika, ya me gustaría ayudarte, amiga mariquita. Me encantaría, pero, aunque tengo el cuello muy largo, ese árbol es mucho más alto que yo y no puedo llegar allí arriba. Necesitarías

poder estirar los brazos y agarrarte con las manos al árbol,
pero no tienes brazos ni manos. No te puedo ayudar, lo siento.
La mariquita Kika se puso un poco triste porque ella quería

subir a lo alto del árbol, ella sola no podía hacerlo y nadie
podía ayudarla porque no tenía brazos ni manos.

Apareció por allí Dante, el elefante,
andando muy elegante y, al
ver a la mariquita triste,
le preguntó:
—¿Qué te pasa, Kika?
¿Puedo ayudarte?

—Hola, Dante. Quiero subir a ese árbol y no sé cómo hacerlo. Babruino y Lola no han podido ayudarme porque no tengo brazos ni manos y no llegaría al árbol.

¿Crees que tú podrás? Yo soy una mariquita muy pequeña, no sé trepar, no tengo brazos, no tengo manos, no tengo un cuello largo ni una trompa que llega a sitios insospechados... ¡y ese árbol es muy alto!

—Kika, ¡fíjate en lo que sí tienes!
Eres una mariquita pequeña, sin
brazos ni manos y que no puede trepar,
sin cuello largo ni trompa, eso es verdad. Pero también
eres ligera y... ¡tienes alas! Kika, ¡tú puedes volar! Eres la
única de todos nosotros que puede volar y subir al árbol.

Kika se miró y vio que bajo sus preciosos puntos negros se escondían dos increíbles alas que le ayudarían a cumplir su deseo.

—Todos somos distintos —continuó Dante—, pero todos tenemos algo que nos hace especiales y te has olvidado de lo que te hace a ti especial.

Busca lo que te hace especial y recuerda siempre quién eres.

—¡Gracias, Dante! No volveré a olvidarme de mis alas.

¡Yo también soy especial! Voy a subir
volando para ver la sabana desde
allí arriba. ¡Os quiero, amigos!

© Ana María González Rueda (de la obra)
©Apuleyo Ediciones (de esta edición)
Primera edición en Apuleyo Ediciones: diciembre 2024
Diseño de cubierta: Alejandro Bermejo Cercas
Corrección: Aitor Andreu Guerrero
Maquetación: Alejandro Bermejo Cercas
Ilustraciones: Evelys ceccon
Coordinación editorial: Isidoro Cidre González
info@apuleyoediciones.com
www.apuleyoediciones.com
ISBN: 978-84-1060-374-5
Depósito legal: H 421-2024

Hecho e impreso en España.